AF491216

"Reflexiones para hoy 2"

Daniela Buscemi

San Rafael, Mendoza, Argentina

Año 2021

Buscemi, Daniela Marisol

  Reflexiones para hoy / Daniela Marisol Buscemi;
compilado por Daniela Marisol Buscemi. - 1a ed volumen
combinado. - San Rafael: Family Awake, 2021.

  109 p.; 21 x 15 cm.

ISBN 978-987-47835-2-3

1. Reflexiones. I. Título.
CDD 808.883

Editorial Family Awake

ISBN 978-987-47835-2-3

"Dedico este libro a los que sueñan a pesar de lo que viven

A los que esperan y no desean desesperar

A los que aman a pesar de la complejidad que lo amerita

A los que están deseosos de más para que aquí reciban

más de lo pensado"

INDICE

"Gracias a Dios

por la vida y las oportunidades que día a día nos regala,

para que nos reinventemos, tomemos fuerza

y sigamos adelante con todo"

Introducción

Inspirada por gran variedad de escritores del mundo, escritores independientes que luchan dia a dia por ser conocidos y que muchos lean sus escritos, inspirados por ellos, escritores independientes con un talento único y excepcional que escriben de la vida y las personas desde un punto más emocional, en este segundo libro de reflexiones nos adentraremos en eso, en lo sentido por todo lo que nos rodea pero desde una perspectiva más personal. Mi anhelo es que en cada escrito le quede a usted lector, una lección de vida, de amor, superación y más, que cada escrito lo transporte y lo construya más y más para acercarlo a todo lo que debe llegar a ser, tener, vivir.

Comencemos...

"Así"

Así la vida pareciera

Que se reinventa en cada amanecer

Asi los pajaros risueños

Nos deleitan con sus cantares

Minúsculos pero con fuerza

Como cada atomo de nuestro ser

Maravillosos son ellos

Como nuestro cuerpo en perfeccion

Que a pesar del desgaste sufrido

Y de alguna que otra falla y queja que nos de

Es el hermoso hogar, propio y único

Que Dios nos regaló para en este mundo habitar

Por eso no te saques más el cuero

Y deja de construir torres por tus defectos

Mejor agradece por el hogar de tu alma

Y encárgate de que tu espíritu

se una al del Creador

Porque así todo fluirá como debe

Con pensar pero sin pesar

Con amor y no con maldad.

"La vida"

Mil tonos la cosntruyen,

Mil vidas la hacen temblar,

Mil deseos y remordimientos

A veces entorban el valorarla.

Hoy ponte de pie con firmeza

Aunque no sea físicamente igual

La idea es que tu ser interior

Comience ya a respirar.

Ni las quejas ni las trabas

Ni el trabajo y las deudas podrán

Con una persona decidida

A las riendas de todo agarrar

entendiendo que el control absoluto

es de Dios y a Él por eso conviene amar,

seguir, escuchar, sentir, presenciar.

Que bello se vuelve todo

Cuando salis de la oscuridad

Que lindo es descrubiri colores

Sabores texturas y tanto más

Todo creado para tu agrado

Todo hecho para que puedas

Desarrollar tu potencial.

Sin malestares innecesarios

enfocado en lo escrito podrás

abriri tus alas invisibles

escalar son placer

sin miedo a las alturas al saber

que el protector que guarda

y vela por ti, es más poderoso que todo

y con esa paz que da Su sentir

podrás avanzar ayudando

agradeciendo a Dios por vivir.

"Hoy pensé en ti"

Para mi fuiste virgen de los locos,

canción de desesperados,

chiste mal contado;

de tal modo, engañando.

Insostenible optimismo

con mentiras elocuentes,

que seducida por tu encanto,

hipócritamente admiré.

Asegurando una fecha distante,

pretendiendo un actuar incesante;

pero tu eficiencia desapareció,

a las ratas ahuyentarte,

dejando un reloj sin agujas,

y un sin fin de sueños rotos.

Tu alegría duró un suspiro,

cuando la realidad me atacó,

la noche cubrió tu encanto,

y el llanto de mí se adueñó.

Las promesas fueron golpes,

corrió sangre por mi ser, perdí vida, quebré

y toda razón se fue.

Al esperar te fuiste lejos,

al soñar no te alcance,

anhelando sentir tu aliento,

de lamento así me quedé.

Me hiciste sufrir,

al sucumbir te odié;

preguntas me hice,

silencio escuché.

Y al observar mi desnudez,

con frío, sentí: el fin ver.

Sorpresivamente del suelo me levanté,

y entendí por gracia

que de lejos trabajas,

tu belleza nada opaca,

nunca olvidas el mañana

y no abandonas ni fallas.

"El hombre propone, Dios dispone";

si Dios lo quiere se logra alcanzar,

pero sino al aceptar

la frustración se evitará.

Eres misterio de mucho,

sustento de tanto;

sabia y dueña de proyectos,

 incentivas a crecer.

Euforia ante lo incierto,

bella calma en el andar,

atravesando el desierto,

acaricias con tu paz.

Oportunidad, sol para todos,

necesaria como el respirar;

todo mi ser se llena de fe,

al hablar la verdad... que

Hoy pensé en ti "doña esperanza",

y quise compartir,

tu profunda enseñanza

de aprender a vivir:

esto también pasará,

todo bien estará,

Y aferrados a Dios seguro

provecho de ello habrá.

"¡Dejen de matarse!"

Que el virus no te elimine
termina con tu dolor,
la forma no es el matarse
sino el resurgir mejor.

Abandona la pesadilla
¡despierta! deja el rencor,
olvida, cambia de aire
que sí, se trata de vos
pero no como lo pensaste,
la tristeza es un error.
Hay respuesta hay solución.

A ti que lo estás pensando

que quieres matarte ¡oh!,

deja atrás los sin sabores

¡no te suicides, no lo hagas!

¡por favor, reconsidéralo!

Tu ser es preciado, pide ayuda

date otra oportunidad hoy,

seguro lo harás mejor.

Y si te equivocas ¡qué importa!

¡Nadie es perfecto entiéndelo!

Pero la vida es sagrada,

de ella, de esta forma

no hay renuncia con honor.

No debes terminarla tú

no depende eso de vos,

si lo haces habrá consecuencias

y buenas no son.

Te ruego no te entregues al dolor,

no abandones lo que sos,

cree, ten esperanza,

esto es circunstancial
pasará y todo bien irá,
porque no es el fin la tormenta
los cielos se abrirán
mostrándote un gran sol,
tu nueva oportunidad.

A ti que lo estás pensando
 por favor no te mates, no
hay quienes te amamos
escríbeme y te ayudaré
adelante vas a salir pero
confía en Dios, cambia
deja supersticiones atrás
aferrarte, Él saca lo malo,
quita las vendas, hace feliz,
Te juro mi amigo, el camino,
la forma, para salir
Dios la puso en ti.

Tu interior te grita que
llenes el vacío en tu corazón

y el único que puede llenarlo
tiene Nombre es el Señor.

Recuerda no es el pasado
quien define lo que sos,
enfócate, se constante,
te pueden decir mil cosas,
pero es tu Creador
quien tu camino diseñó y marcó,
no hay nadie más que
te conozca tanto, confía en Él,
cambiará luto en alegre danza
 llenando tu vida de paz y amor.

"Ser feliz"

No se trata de alborotarse,
sino de respetarse.

No es cuestión de darse tiempo,

es aprender a escucharse.

Ser feliz es disfrute y bienestar,

es vivir en armonía

contigo, pero también

con los demás.

Llevarse bien con otros,

aunque bien no les caigas,

no es ser una farsa,

es bien actuar.

Se trata de alegría encontrar

en cada pequeña roca que hay,

o por lo menos no ver espinas

y ahogo en tu propio respirar.

Vivir como si de eso dependiera,

la existencia de alguien más,

sonriendo como si fueras

con ello a una vida a salvar.

Alegrarte por el éxito ajeno,

como si por eso te fueran a pagar,

porque no se trata de optimismo,

más bien de agradecimiento y bondad.

Mientras tengas vida, nada se acabó,

si hay vida hay nueva oportunidad,

por eso no te culpes ni culpes,

no odies, valora, perdona

y desde este instante, no olvides

que mereces ser feliz en verdad.

"Tu presencia"

Más que un sueño recurrente,

mil promesas, muchos sueños,

esperanzas, desenfrenos,

a veces poca valentía y mucho miedo;

perspicacia al accionar, sentimiento sin igual,

desbaratadas expresiones,

es lo que causas al estar.

Locura en los cuerdos

con molestas mariposas,

y al malo haces manso,

por tu presencia encantadora.

Apasionantes vidas logras,

tu belleza elimina el moho,

todo ser te necesita,

no tienes comparación.

Amor te llaman, y difaman

con mil definiciones erróneas

de conocerte se jactan,

pero no ¡amor tú no eres

solo sexualidad y emoción!

¡eres conexión, salud, deleite,

relación, entrega, decisión,

eres la cuota perfecta para

la sobriedad del corazón.

Reflejas tu esencia cada día,
la misma no perturba ni es rara
y hoy te recuerdo lector querido,
que existe el verdadero amor,
proviene y es Dios. Por tanto
si en tu existencia esta palabra
confusa se tornó, empieza de nuevo
la búsqueda. Corintios 13 servirá,
sorpresa grata y dura será,
de seguro te ayudará.

Para finalizar quiero decirte
si dudas tienes, no las guardes.
No es malo dudar sino callarlo,
porque puede ocasionarte daño,
sé libre, vuelve a creer,
comienza hoy otra vez,
siente su presencia,
amor, amor, respira,
eso te hará muy bien

"La propuesta"

Ella estaba tan cansada que se inspiró en una serie para encontrar la solución. Y es que luego de que la rechazó mil veces y nunca pareció interesarle que lo buscara, comprendió que él la prefería fría.

Le costó años entender que, él no quería ser molestado, aún ella siendo servicial para él era molesta. Hombre de los de antes pero no tanto, con crianza más fría y padre distante; su vida forjó su forma de ser y "si algo quería lo pediría, lo buscaría y listo". Ella se anexó a todo lo que pudo lo mejor que pudo, y luego de cansarse muchas veces y luego de respirar profundo seguir, esta vez sí, se cansó.

Ella no eligió ser ignorada, rechazada, recibiendo más miradas ajenas que de él; ella quería que él anhelara besarla, abrazarla seguido, y amarla sin después; pero en su lugar, lo común era siempre alguna pelea por él preferir estar en otro lado o con alguien más. Ella nunca quiso ser vista solo como mamá, abuela, o el reflejo de alguien más, no quiso que le molestara lo que hacía o dejaba de hacer, pero pasaba, o eso parecía, y así se notaba que el quizás era un efectivamente: él no la había elegido siempre fue ella...

Quiso estar con él, ser lo ideal, hacerse bien, ella si sabía lo que quería, pero no sabía si él también, por lo que un día se cansó y le propuso algo.

Él estaba sentado frente al televisor, con el celular en la mano, mientras sus dos hijos jugaban por la casa y ella limpiaba. En ese momento ella dejó la escoba y se acercó a él.

—Querido necesito hablarte. Si estás dispuesto a apreciar lo que tienes necesito que me escuches...

—Dime —respondió sin sacar la vista del celular.

—Si nos quedan 50 años por delante, me gustaría ser feliz y cada vez que intento no ves lo bueno, o no aprecias lo hermoso, no expresas amor en las circunstancias, no se... por eso estaría bueno, lo pensé bien y te propongo "70 días distintos".

Luego de un silencio, y ni una sola mirada, ella continuó hablando.

—Y es que a esto me refiero, por lo menos responde.

—No sé lo que dices, no sé qué responder.

—Bueno por favor deja el celular y escucha, está todo anotado en este papel.

—Ok, pero explícame, no quiero leer, estoy cansado —dijo él.

— Son 70 días que no son mucho pero tampoco poco, pero servirán para enamorarnos o, aunque sea saber quiénes somos.

—¿Es una copia de la serie que vimos? —rio él.

—Algo así, —dijo ella agachando la cabeza, pero luego continuó diciendo— pero no interesa, la cuestión es que no es lo mismo será con otras reglas. No es para conocer otros sino para ver si nos conocemos y nos elegimos, no para estar con extraños sino para saber si queremos estar juntos, no darnos la espalda sino ver si nos extrañamos, no para privarnos sino para intentar necesitarnos.

—Pero ¿qué pretendes? ¿Quieres que nos separemos?

—La idea no sería el divorciarnos sino el decidir nuevamente y ahora en verdad amarnos. Creo que si en el fondo me amas tampoco piensas en el final, por eso está bueno, no sé cuánto lucharías por mí, te he visto luchar por mil cosas en estos años, pero ajenos a mí, y quiero ser un propósito, una meta, un triunfo, no un daño colateral en tu vida.

—Como siempre creo que eres muy extrema —rio él.

—No es un chiste, hablo en serio. Leeré lo escrito porque el trato no será como el que vimos. Uno: los niños no tendrán nada que ver y no nos pueden ver peleando por nada, Dos: los familiares no se enteraran. Tres: comerás y dormirás donde quieras, pero no lo haremos juntos y aquí hay una cláusula porque la idea no es gastar o irte a un lugar por eso las opciones son el trabajo o en casa, pero sin molestar al otro ni dejar nada en el medio sucio.

—¿En serio seguís con esto? —él se paró enojado— me voy a dormir.

—No —dijo ella de un grito—deja que termine de leer por favor.

Él se sentó sin decir nada más y escuchó.

—Podes dormir, te vas a la mañana y venís a dormir. Yo me encargo de lo de siempre, vos no vayas a mi lugar. Tres días completos de 8 a.m. a 23 p.m. estás con los niños, obvio con cena incluida así yo solo los baño y duermo. Conste que quiero seguir contigo, pero bien y propongo esto porque no sé por qué es tan difícil para vos entender que quiero tenerte como marido y ante todo amor, no solo como socio y compañero... creo que nos equivocamos, el matrimonio no puede ser simplemente un equipo... Si tienes alguna sugerencia la escucho —concluyó ella.

"Mami, papi"

Soy pequeño e indefenso

y ahora dependo de ti.

No me culpes por tu enojo,

ese peso no pongas en mí.

Tengo necesidades mami, papi,

necesito tu compasión,

no grites, deja el insulto,

solo quiero más amor.

¡Perdón si a veces molesto!

no me veas así por favor

como si fuera un error,

Porque tus palabras tus miradas

marcarán mi vida y yo

necesito de tu amor.

Mami, papi, estoy aprendiendo

en el camino también fallo ¿tú no?

no me golpees por favor.

Me contaron que tú también

fuiste niñ@ en el pasado

y sé que tus padres, mis abus,

huellas en ti dejaron.

y tú ¿piensas dejarme

heridas o enseñanzas?

¿quieres que ande en la vida

con odio y venganza

o amor y templanza?

Hazme un ser de bien mami, papi

no me dejes ser un malo,

¿por qué mejor ahora disfrutamos,

los momentos que podamos?

No todas son obligaciones

y deja el celular a un lado,

mi niñez pasará pronto,

creceré y me iré de tu lado,

pero ahora aquí estoy ¡hey!

por eso te ruego que olvides

las molestias, vuelve a verme

como aquella vez

cuando con ojos de amor

soñaste en tus brazos

sostenerme.

"Quiéreme"

Quiéreme como nunca antes,

sin pausa, excusas, ni pretextos,

con entrega, pasión y respeto.

Quiéreme con placer;

dame gustos sin tener

que insinuarte ni pedirte,

demostrándome tu amor

como si supieras que de eso

el mundo va a depender.

Valora mi presencia,

cada rasgo de mi ser.

Quiéreme como nunca antes

y mucho más también.

"Por qué"

¿Por qué hay tanta maldad?

¿Por qué nos enojamos tanto?

¿Por qué desestimamos odiamos

y rencor guardamos?

¿Por qué la crueldad, la crítica

el abandono y el descargar

en otros el maltrato sufrido,

desatando la furia y

el dolor reprimido?

Este año eliminemos el asco,

las películas de terror,

el miedo al fracaso,

el adiós sin perdón,

la indiferencia, el desamor.

En vez de repudiar, amemos.

En vez de violar, cuidemos.

En vez de destruir, enmendemos.

En vez de escupir, abracemos.

En vez denigrar, valoremos.

Dejemos de fijarnos en el error,

en lo que pudo ser, lo que fue o no.

Por un mundo con más sonrisas

triunfos, alegrías compartidas

y tristezas sostenidas...

¡Basta de caminar por la vida

con esa cara de velorio!

¡Pide ayuda si estás mal,

llenemos las calles de amor!

Roguemos por tener un año

con menos instinto animal

y sí mucho más de Dios,

porque cada uno es importante

y tiene propósito en la vida.

Cree, hay mucho por hacer,

abandona los tristes por qué,

súmate a mi sentimiento de

brindar por un mundo mejor

que a todos nos convenga,

y a todos nos haga bien!

Sanemos, construyamos

Mejoremos, respetemos

Ayudemos, abracemos

Amemos más, amemos

y mil veces más ¡amemos!

Con amor...

"No te entregues"

Cuando estés en ese infierno tan profundo

que solo sientas hundirte,

tan triste, que no sepas que hacer.

En momentos de incertidumbre,

preocupado y abatido, ¡por favor

espera! ¡no te apresures a decidir!

Busca ayuda, ve a una iglesia,

escríbeme, y, ante todo

a Dios aférrate.

Él es real, te ama,

no hay imposibles para Él quien

¡transformará tu vida para bien!

Él saca lo malo, créeme.

Tu vida vale, hay mucho más

de lo que alcanzas a ver.

Por eso por favor

¡a la muerte

no te entregues!

"Y que seas feliz"

Que disfrutes más,

rías como nunca antes,

sueñes en grande,

bailes sin vergüenza,

comas sin culpa,

cantes de alegría,

nunca dejes de jugar y

siempre sepas asombrarte

como un niño...

Y que pienses lo justo,

perdones el error,

respetes a todos,

no juzgues ni critiques,

ayudes al herido,

olvides la ofensa

sin guardar dolor...

Y, que aproveches cada instante,

sonrías muchísimo,

mantengas tu mirada en lo alto,

no te canses de hacer bien.

Aprecia lo que tengas

y también los que a tu lado están.

Que en tu vida los te quiero

se vuelvan cotidianos,

los abrazos sobreabunden,

tengas mucho amor para dar,

y en cada área seas próspero,

reflejando en tu rostro gran felicidad;

porque hay una sola vida en esta tierra

y vale la pena ser vivida así de bien,

siempre con Dios presente,

enfocado en los sí, en lo bueno

e importante por hacer...

"Tierra"

Sinónimo de abundancia,

mucho sobra, nada falta.

Gran variedad de todo,

ella sí que nos sacia.

Dios nos regaló el placer
de vivir en esta tierra,
pero mucho nos quejamos
y no disfrutamos de ella.

¿Por qué no amarla más,
respetar su apariencia,
agradecer sus frutos,
contemplar su belleza?

Te invito a valorar la creación,
lo que Dios nos dio por amor.
Te invito a vivir de lo mejor,
demostrando el valor.

"Procura amarle"

Procura amarle ahora, pero con la fuerza del amor de
cuando se conocieron...

Procura no olvidarte de decirle que es hermosa/o, de contemplarle con amor y valorar su presencia.

Procura no olvidarte del te amo, abrazarle seguido y mirarle siempre a los ojos.

Procura caminar a su lado, aprender de sus gustos y apreciar su ser.

Y procura no dejar pasar un día sin pasar tiempo de calidad, disfrutando aquel momento al máximo.

Porque el tiempo pasa y el egoísmo, frialdad e indiferencia alejan...

Porque cuando quieras lo que tenías ya se habrá ido demasiado lejos...

Porque todos tus pasatiempos podrán pasar, pero mientras Dios así lo quiera esa personita seguirá a tu lado...

Por esto y tanto, procura, procura dar lo mejor y más de
ti cada día,
y procura amarle mucho
y demasiado..."

"Los dos"

Y se acabó ese amor del primer tiempo,
 esa complicidad prometida, ese interés mutuo.
No se miraban como antes, ni se hablaban con pasión;
casi no estaban juntos, no se bancaban demasiado.
Y hablaban solos, aunque estuviesen al lado
había un monólogo, ya no existían el dialogo.
Ella mil veces pensó en irse,
mientras en las redes él se escapaba.
Ella harta de mucho y los quehaceres en casa,
él de esas cargas no se enteraba
y harto de las quejas, no la soportaba.

Quizás fue porque nadie les enseñó qué hacer

o quizás no les importó aprender;

de igual modo dicen, que nada más vale,

cuando se apaga la llama constante

que mantiene tan alegremente vivos,

cuando la intimidad se vuelve un check list

y el fuego por cenizas es reemplazado.

¿Pero en serio no importa el tiempo pasado

los mil momentos de risas, besos, abrazos,

los consuelos dados, ni los sueños expresados?

Decidir no renunciar renunciando,

descuidar el árbol sin entender

que esa falta de compromiso termina los frutos,

los pudre o convierte en malos.

Se resignaron a lo poco, cuando ambos

eran diamantes. Miraron lo ajeno

teniendo tanto al lado no se disfrutaron, y

estando tan cerca se mantuvieron tan lejos

al mismo tiempo, lamentablemente,

volviéndose dos extraños.

¿Por qué esperar algo grave para valorar a esa persona?

¿Por qué no reinventarse, por qué?

¿Por qué resignarse a lo mal aprendido por la cultura

distorsionada, la vida, el destino, y en vez de eso, no

luchar juntos a la par?

¿Por qué no apelar a un gran presente y un mejor

mañana, cuando todavía hay tiempo y ganas?...

¡Si tienes vida tienes tiempo y ganas!

Tarde será cuando te entierren en el cementerio,

no ahora que aún late tu corazón.

Así que levántate, sacúdete el polvo,

ponte tu mejor traje, elige una canción,

vuelve a acercarte, agarra a tu pareja

como ese primer día cuando se eligieron;

apostando a una vida juntos, prometiéndose respeto y

pasión. Vuelvan a empezar, con amor,

sean excelentes, hagan su vida mejor,

porque se lo merecen, los dos.

"Así"

 Y se acabó así el diálogo, con mensajes se entendían. se acabó el compañerismo, dividieron los quehaceres; se acabó el tiempo juntos, resumido en un no hay tiempo; se acabó el reír y disfrutarse, lo tecnológico avasalló con todo como reemplazo definitivo;
se acabó el fuego del amor que se tenían, cada quien tenía sus obligaciones y punto. Y así ella se cansó.
Se cansó de tratar de hacer de aquel hombre su príncipe azul... Se cansó de lavar platos y limpiar sin sueldo ni reconocimiento... Se cansó de vestirse para pasar desapercibida por él. Y se acordó de ella... y quiso vivir sin importar nada más.
Y se olvidó así que esos hijos necesitaban una familia unida, que esos pequeños necesitaban a papá y mamá juntos.
Se olvidó que la relación se construye día a día sin cesar ni desmayar.
Y se olvidó que es común que uno dé más que el otro o eso piense, se olvidó que en el amor no es todo color de

rosas como lo cuentan, que no se trata de guardar rencor
hasta explotar e irse, sino que está bien desahogarse de
vez en cuando y con respeto.
Y se olvidó que la comunicación es la respuesta
porque lo que se guarda duele y a veces enferma.
que, aunque instantes durase el llanto,
la esperanza no debía perder, menos aun así tan fácil.
Y se olvidó lo más importante, que la relación perfecta
no existe, pero la correcta sí, y se logra con un lazo
inigualable, un nudo de tres dobleces, donde es Dios y
las otras dos partes, porque si Dios es parte de la
ecuación todo se supera siempre, siempre,
y siempre para bien".

"Niñ@"

Niñ@ de ojos cambiantes, sonrisa risueña, corazón grande, de gran apellido, prometedor futuro, anhelos extremos y amor que sobra.

Pero niñ@ de tristeza oculta, sinceridad empeñada, mirada distante, realidad confusa, felicidad prestada, inconstantes sueños, limpieza manchada...

Eras mucho pero poco, pensando grande pero chico, creyendo tanto, pero nada, viviendo así en un laberinto donde el descanso fue insomnio y el disfrute sufrimiento.

Luchabas por ver más sin si quiera entender dónde estabas, anhelando saber si eso pasó realmente o una pesadilla te jugó su mala pasada...

Te sumergiste en dolor y horriblemente improvisaste, vistiendo de luto aún en medio de las fiestas marcaste tu cuerpo con tatuajes de sangre...

Así fue que, de vivir sin sentir morirte más cada invierno, te olvidaste.

Creíste estar sol@, aunque te amaban tantos, te viste incomprendid@ y no escuchad@, creíste mentiras que nada bueno aportaban y así la verdad más grande ignorabas.

Y aunque creíste haber caído mucho, ni siquiera imaginabas lo lejos que estuviste del profundo abismo que asechaba.

Porque cuando flaqueaste, Él te sostuvo; cuando el final buscaste, Él te detuvo; cuando llorabas, Él te cubría, aunque su abrazo tu no querías, y cuando el peligro atacó, Él también los lobos frenó.

Mucho viviste, sol@ te vistes, pero había más; no estaba en sus planes el dejarte sucumbir y fuerte te hiciste, Él estaba allí.

Aunque creíste lo opuesto, resistirías, una triunfante persona serías, solo debías acercarte a Él para curar el dolor, y refugiarte bajo sus alas de amor.

Él siempre te miró, te amo y eligió, Él te acompañó y en tu dolor nunca te dejó.

Convierte pesar en sabiduría y locura en cuerda felicidad, Él me hizo ser quien soy, ser enfocado, agradecido, intentando vivir listo para ser excelente en cada acción.

Cada gota de mi existencia tiene un innumerable valor, no importa lo que pasó, y lo que otros piensen, yo sé que tengo valor.

Convencida de ello estoy y también de que Él es siempre lo mejor.

Cada día con Él es una hermosa y nueva canción, los despertares son una bella expresión de su amor, su gracia es la expresión de su inmerecido perdón, su misericordia es un mimo e incentivo al corazón.

Por eso aquí diré: tú gran momento puede ser hoy.

Ese cambio que no llegó, esa historia que no se escribió, el hijo que no llegó, la página en tu vida que te atascó, hoy es el momento de seguir y ¿cómo esto te hace sentir? Querido lector

¿Te encuentras bien? Él está para ti. Está hablando, Él te ama y quiere arrancar tu dolor. Te ama, quiere salvarte. ¿Tú sabes de quién hablo? Sí, estoy hablando de Dios.

"Nonita linda"

Veo tu cara hermosa

 y me emociono

hasta las lágrimas.

Nonita, cómo te amo.

Con esas mil vidas

e historias no contadas,

subestimada, exagerada,

amada y olvidada, así mismo,

Nonita, cómo te amo.

Con tu sabiduría extraña

por las experiencias varias,

entre horas disfrutadas

y otras malgastadas,

Nonita, cómo te amo.

Inteligente y oportuna,

aunque varias terca y rara.

Cuánto oíste y callas,

cuánto vistes, y guardas

mil secretos en tu almohada.

Y sigues fuerte, aunque débil

por tus años; invencible,

luchadora, resistente aquí estás,

con décadas de recuerdos, menos ganas,

pero ¡qué orgullo son los años

que coronas con tu andar!

Nonita linda, cómo te amo

Al ver tus canas visibles y ocultas,

que recuerdan el valor de la vida,

no quiero perder tiempo, me inspiras...

quiero verte bien, hablar de ti,

de tu ser, y no del qué hacer,

ni de lo que no es.

Porqué y qué...

¿Y qué si el país se funde,

la economía se destruye,

la luz se corta, las deudas crecen,

la enfermedad aparece,

y mucho más sucede?

Es el juego de la vida

y no me detendré,

ni un instante dejaré

porque te quiero a ti, te quiero ver;

me importa tu ser, te quiero ver bien.

Nos queremos por lo que

aprovechemos juntas a estar.

Las circunstancias no manejamos,

pero si la actitud que tengamos.

Por tanto, saber es vivir, soñar,

reír a pesar de... Y disfrutar cada día

 como si fuera el último, siempre.

Te lo mereces, no te angusties,

te amo, te admiro de verdad,

y nonita te lo digo así,

no imaginas cómo te amo.

De pie te aplaudiré hasta no dar más,

el pasado queda atrás, el futuro se acorta,

pero la vida eterna se acerca

y con ella el final de cosas,

y el principio de otras;

me refiero aquí a ese encuentro

con tantos que extrañas

y aunque ¡Anhelo que seas eterna

con tus días malos y buenos!

Es que te amo tanto que,

no imaginas cuánto daría

por verte feliz a cada segundo

como dice el dicho comiendo perdiz

tirando a lo más profundo las preocupaciones

que te roban el sueño haciéndote olvidar

lo importante que estar a cuentas con Dios es,

y saber el camino por el cual te diriges;

pero mientras hoy te invitaré

a apreciar el día a día con goce.

Déjame abrazar tu cuerpo

y besar tu mejilla, otra vez.

Amado cuerpo y rostro

con el que Dios me permitió conocerte,

y con el que te observé trabajar sin descanso

por tanto, vuelvo a recordarte mi amada,

por favor disfruta, quiero que estés bien,

porque nonita, ¡cuánto te amo! ¿lo sabes?"

"Día del hombre"

Sigue contribuyendo y cada instante refleja que, como las mujeres, tú eres también merecedor de igualdad, compasión, ayuda y amor. Porque, aunque tu nombre este manchado por muchos, muchos son los que a diario lo enaltecen. Porque la regla no es el ausente, machista, abusador, aunque de estos se hable tanto. Hay millones que a diario nos muestran el valor tal de su persona. Porque los hay, con defectos si al igual que nosotras, pero con demasiadas virtudes también. Porque son trabajadores, luchadores, amorosos, respetuosos, además de humildes, sinceros, esforzados y valientes. Porque yo conozco muchos así, por eso a ti papi, hermano, tío, abuelo, marido, amigo... hoy te digo ¡Feliz día!

"Día de la Mami"

Tildadas de cascarrabias porque a veces no nos dejaron hacer, comer, beber, ser, o, al contrario, según nosotros, se les fue la mano...

Olvidadizas, enojonas, molestas; luchando con lo que eran y lo que debían ser en esas 24 horas que poco alcanzaban como mamá y mujer... Pero mamás full time, despojadas de sí mismas, que fueron nuestro primer hogar y con su cuerpo nos dieron nuestro primer alimento, que en las noches velaron y en el día no descansaron por nosotros...

Mamis multifuncionales, porque si el pañal, la comida, si el cuidado, la ropa, el calor, que el frio y la limpieza, pero que no se aburra, que aprenda... diario y exhaustivo análisis por nuestro bienestar, sin pausa ni feriados para descansar...

Mamis eternas, siempre a nuestro lado, festejando triunfos, y en los sinsabores llorando, alentándonos a seguir firmes y confiando.

Por tantas oraciones a nuestro favor (Dios sabe cuántas), por tantos abrazos y mimos concretados, y por los muchos deseados (crecemos y nos olvidamos),

por tantos berrinches soportados, por tanto, que enseñaste y tanto que olvidaste, por el tiempo que brindaste... por todo y tanto, tanto amor, ¡Feliz día más que merecido!

A vos hijo deja cualquier enojo y disfrútala, dale un abrazo, un beso y dile que la quieres, y si tu mamita ya descansa, recuérdala y ámala manteniendo vivo lo que te dejó, las memorias lo bueno para que sus nietos y más la conozcan por tus dichos. A vos mami y mujer valiente, seguí dando lo mejor por vos, por ellos, porque ese/a baby es el futuro.

¡Dios recompensará tu esfuerzo!, disfruta, y festeja tu día porque ser mamá es la mayor labor de todos"

" Ser madre"

Baby, niña, adolecente, joven, mujer, tuve el título de hija, hermana, nieta, amiga, líder, alumna, profe también, y recién ahora pude comprender que una mami todo y más que eso es, y pido perdón a todas las que en mi vida crucé...

Perdón por las veces que pasaste a mi lado y no te vi, cuando cargabas ese corazón dentro tuyo y no te ofrecí asiento, ayuda, y ni siquiera una sonrisa al paso. Perdón cuando en mi ignorancia subestimé el parto, sea normal o cesárea, sé que ambos llevan dolor y cansancio. Perdón si al alimentar ese pequeño, agua no te ofrecí, y al luchar con ese chango dirigir, lidiando con veredas rotas, esperando cruzar, como conductor te ignoré, no lo percibí. Ibas despacio por esperarlo caminar y pasé deprisa sin siquiera apreciar su andar; Y cuando demoraste en llegar, por todo lo que debías en casa hacer, ordenando y preparando, no entendí, perdón mami.

Amiga, familiar o extraña, quizás no te vi, pero ahora sí, ser mamá me enseñó a amar y el valor de vivir. Sé, es hermoso darles todo, aunque conlleve sacrificar tiempo y postergar proyectos, por eso te veo con amor, respeto, mientras te doy una sonrisa en silencio y desde el fondo de mi ser te aplaudo, valoro y aliento, a valiente seguir dando todo de ti, recordando que el tiempo invertido entre pañales, upa, teta, y juegos en el piso, parece perdido, pero no lo es.

Aunque tu trabajo 24/7, casi no se aprecie, tu esfuerzo diario y noches en vela, nadie pague o remunere, tu labor es el más valioso para ese ser, el más noble e importante para Dios y para mí también.

Por eso tómalo con calma, pero en serio ayuda a hacer de esas personitas el futuro que la humanidad necesitará tener.

Espectador te digo, sabe disculpar si parecemos ir lento, en realidad solemos no parar. si parecemos voladas, pensamos y analizamos tanto que podemos no ser conscientes de algo, pero ya en vez de ver los defectos aprecia, porque formamos y criamos a quien podría ser tu futuro médico, escribano o presidente, y aunque no lo sea vale, cada segundo igualmente más que el oro del mundo. Porque Dios lo dice.

Dar lo mejor por la vida que estoy criando siendo así responsable de lo que come y ve creyendo que, de todo, cuenta rendiré, me hace sentir orgullo de esta labor de mujer.

Sabiendo el gran oficio de mamá ser, a Dios quiero agradecer, además pedir y rogarle, a todas, sabiduría de, haciendo padres más presentes, cuidando la salud de los más peques, para juntos lograr ser, la civilización que marque la diferencia, del progreso para bien.

"Te observo"

Te observo mientras creces

y solo puedo agradecer...

Te observo tan única,

hermosa e inteligente,

mi pequeña, que grande te ves.

Te observo independizarte

te veo divertirte, aprender y

solo pretendo disfrutarte a más no poder.

Y no me canso de observarte,

amo escucharte hablar también.

Te observo inspeccionar todo,

mientras caminas por ahí curiosa

frente a este mundo a conocer

y me enamoro de ti otra vez...

Te observo cerquita mío

mientras te alimentas con pasión

he inmortalizo tus miradas,

tu ser tan conmigo.

Me deleito por el milagro de la vida,

sonrío anhelando de Dios sabiduría

para aprovechar cada instante bien;

porque lo sé, las cosas cambian y

estos bellos momentos, no son eternos,

Por eso y más te observo,

y me encanta hacerlo.

"Hija"

Lo veo en tus ojitos,

en tu parloteo sin pausa,

tus piernas revoltosas

que corren sin cesar.

Sos mi ardillita, mi pollito,

mi solícito y mi amor,

sos tantas cosas bonitas

de lo mejor que Dios me dio.

Nenita de ojos marrones,

inteligente como tú no hay dos,

naricita perfecta dice la vecina,

la primera, hijita de mi corazón.

Salimos, quieres caminar,

con dos años todo hablas,

siempre carismática y sociable

saludas a todos sin parar.

Dios te bendiga hija amada,

Dios te guie al caminar,

Dios te llené de sabiduría,

es lo que a diario ruega mamá.

Hoy quiero dejar plasmado

en estas humildes letras,

que soy feliz por tu existencia

y te amo sin límites.

Hoy quiero prometerte que

mientras Dios así lo permita,

estaré presente

para ti y tu papi siempre,

viviendo agradecida e

incentivándolos también

a hablar, hacer y ser

personas de mucho bien.

"Juntos"

Relajándote en ese ocaso,

penumbra de sentimiento que hoy

te inquieta hasta los huesos

zamarreando tu corazón,

te hace sentir volado,

te hace creer en vos.

Es bueno lo que tienes

pero debes saberlo,

por momentos será difícil

y para mantenerte siempre

alude a cuando se eligieron,

vuelve a ese primer amor.

Se soportará el dolor

de la humana confusión,

mientras nunca se marche

el respeto y el valor.

También es importante

el compañerismo y la pasión

con apoyo y perdón,

porque no todo es físico,

recuerda, pesa mucho el interior.

Si ambos se ayudan a crecer

juntos será mejor, porque

no habrá manchas feas

solo algún que otro tachón,

puede haber algún enojo

y por ello mil abrazos son

la forma perfecta de

romper el hielo y de nuevo

atraer el amor.

Juntos pueden lograrlo,

pueden soñar y realizar

lo que anhelan con fervor,

el propósito que Dios les dio.

Pero ¡juntos! no se olviden

no sean dos en la unión,

acepten el reto fusionen sus vidas

decidan jugársela hoy.

Ni será el sapo transformado por el beso,

ni la diosa rescatada del castillo,

no se trata de príncipe azul,

ni princesa perfecta sin prejuicios.

Son imperfectos, ¡torpes!

y eso hace especial todo,

acéptenlo y confía que así juntos
podrán lograrlo. Créelo.

"Día de la mujer"

Es que tú cargas con el peso

de una historia confundida,

tanto odio acumulado

por tu vida y por la mía.

En entornos fuiste herida,

empleada, sirvienta, esclava,

machismo sangriento

que mató el sentimiento

de en serio ser apreciada.

Libre eras en sueños

que nunca se harían verdad,

libertad solo obtenida

vendiendo tu cuerpo

o por un futuro regalarlo

en un matrimonio arreglado,

de esos tan acostumbrados

y tu felicidad sin importar.

Eras vientre y solo madre

y ahora que todo ha cambiado

te cuesta pensar por qué

dudas, te obligas a hacer tareas

 o sigues errante al andar.

Miedo a quedar soltera,

rebeldía a ser madre,

cargas con un dilema

por ese pasado distante

que vuelve al presente seguido

cada vez que en alguna parte

contra alguna hay un delito.

Pero no debes ser víctima

¡toma las riendas mujer!

no temas si tienes una hija,

no todo malo volverá a hacer;

cuídala, a valorarse enséñala,

cuídate y valora tu ser,

pero no te afanes, confía en Dios

y en sus planes para bien.

Descansa en Dios, disfruta tu vida,

eres magnífica e indispensable

tu futuro será bueno

¡porque te lo mereces mujer!

"Nuestro primer año"

Nuestro primer año fue un mundo, como millones de libros abiertos al mismo tiempo, un año como ningún otro, que mucho marcaría nuestro ser...
Un año de constantes cambios, reformularse, adaptarse, informarse, acoplarse, y reorganizarse mil veces...
Un año de acostumbrarte a la falta de la persona solo para vos, para darle pasó a esta nueva que me define...

Un año de nuevas obligaciones, entre tus y mis rabietas por incomprensiones, mientras nos dividimos entre mil nuevos roles...

Un año de películas a medias, baños fugases, de acostarnos más temprano, de a veces dormir poco y mal o nada...

Un año de mucha limpieza, extrema seguridad y algunas cuantas nuevas exigencias a vos expresadas en un pásame agua, córtame la comida y a mí en dejar de ser yo para convertirme en su alimento 24/7...

Un año de amor en cuotas, de tiempos acortados, de mucho esfuerzo, de confrontaciones impensadas, de tanto dado y tan poco,

Vos luchando por ser esa persona que sueñas y yo luchando con todo y más sin dejar de ser yo, mientras nos rodean nuevos títulos como runner, inversionista hombre proveedor y marido papá que se quiere siempre, y escritora, chef, comerciante, profesora y mamá por siempre, títulos que enorgullecen, aunque a veces también nos sumergen ...

Diría entonces que fue un año... maravilloso, en el que dejamos de ser vos y yo, para convertirnos en eso tan genial, que ella llama papi y mami...

Un año excelente, distinto, único, especial por donde se mire, el primero que compartimos con esta bella retoño, nuestra pequeña regalo de Dios.

Un año de amor multiplicado, de felicidad por mil y más. Palabras sobran, momentos miles, lo amargo se olvida de la mano de Dios quien nos hace mejores y acá estamos de pie felices, más unidos, con la bandera en alto que dice Familia y Evenezer: Porque hasta aquí Dios nos ha acompañado, porque es nuestro Fiel Ayudador y porque sabemos que Él seguirá a nuestro lado siendo escudo y protección, por eso y más alzaremos la bandera.

Podría decir que estamos orgullosos de nosotros, pero querido compañero de vida estarás de acuerdo en mejor decir primero la gran verdad que es, que estamos agradecidos de lo que Dios ha hecho. Hemos disfrutado juntos, hemos reído juntos y así quiero seguir. Gracias le doy a Dios por tu vida y la de ella. Dios es bueno.

Brindo por las familias, por todos los babys y por todo lo bueno nuevo.

Que este año termine con abrazos y mucho perdón, y el próximo comience con besos y mucha unidad.

No somos eternos así es que dejemos ir lo malo y disfrutemos de los nuestros.

Dile te quiero a tu madre, a tu padre, a tu pareja, a tus abuelos, a tus hijos y hermanos.

Aprovecha cada instante, deja el celu más

obsérvalos, disfrútalos,

y que Dios los bendiga.

"Podría decirse"

Podría decirse que es un viaje a lo incierto,

que en las parejas siempre pasa: es común,

hay desinterés, egoísmo, y los gustos,

lo que necesita el otro, no hace falta saber.

La verdad es que no es así, no es bueno ver sin ver.

Los detalles pueden hacer la diferencia y no interesa,

 si en las relaciones es común que pase,

lo que debes saber es: no conviene. Porque

lastima y destruye también.

Acumulando viajes sin destino,

la pasión puede terminar

y nunca debería eso pasar.

"Mujer libre"

No soy tu prisionera,

tu esclava mucho menos,
 no intentes ponerme esposas
porque no lo permitiré.

Soy águila que vuela alto
no soy una lombriz,
soy ser inimitable,
no confundas ni subestimes,
valora y cuida mejor de mí.

Soy hermosa por dentro y fuera,
no soy tu sombra ni una más,
el desprecio deja a un lado,
el amor que sea real.

El deleite y el respeto
fusiónalos de verdad;
así nos entenderemos
y nuestra unión brillará.

Te invito a ser de ejemplo
que Dios orgulloso esté

así todo va a estar bien,

feliz serás y seré.

"No todo te conviene"

El arrepentirse no es una mala palabra es sano y el primer paso para un gran cambio.

El no reconocer que estás mal te hace prisionero del error. Es saludable reconocer tus faltas y de sabios aprender a discernir entre lo bueno y lo malo. Discernir cabalmente te hace entender que hay cosas que no necesitas degustar en la vida.

No te equivoques, no te mientas, aprende de los errores, no cometas innecesariamente actos de los que te avergonzarás al punto, que pueda hasta a ti costar perdonarte.

Piensa primero, razona después.

"Todo te es permitido, más no todo te conviene"

"Crónicas de una adicción"

Imagina que un día de estos llega a tu humilde departamento alquilado un sobre. Es para ti, no hay duda, porque dice tu nombre completo. Rompes rápidamente, pero con cuidado el sobre y comienzas a leer. Es una carta anónima la cual solo explica que ha conocido tu esfuerzo por salir adelante y por eso quiere honrarte con un obsequio.

El regalo es un gran terreno, aparentemente se encuentra en un fabuloso lugar. Adjuntada hay una foto del mismo, se ve impresionante. Están también ahí todos los papeles que aclaran que te pertenece. Parece un sueño hecho realidad.

Vas al lugar y desde el vehículo observas, parece perfecto, ideal para ti. Sientes que la adrenalina corre por tus venas, dándote esa sensación de trasportarte a otro mundo. Lo rutinario de tu vida ahora se ve confrontado con una realidad aparente que está frente a tus ojos que es ese obsequio que obtuviste sin pedirlo. Sin cuestionamientos, lo que se te ofrece es tentador, está ahí delante de ti y si lo quieres es todo tuyo. Vuelves a buscar tus maletas, cargas tus pocas pertenencias, y te diriges al lugar.

Ahí te das cuenta: todo contrato tiene una letra chica, todo medicamento tiene reacciones adversas. Tu aparente realidad se ve confrontada: descubres que no es lo que aparentaba, notas a solo un par de metros que eso era un viejo basural.

Hay demasiada basura, es imposible deshacerte de ella tu solo, pero, tú sabes, fue un regalo, el lugar parece tener sus malas pero sus buenas también, debes tomar una decisión.

Optas por quedarte. ¿Sabes que, si te permites vivir entre la basura, por más desagradable que esto sea, te acostumbras al olor?

Sí, quizás primero dudabas en quedarte allí, quizás te dijiste que te alejarías cualquier día, pero sabías que la realidad es que terminarías regresando debido a que el lugar al menos era confortable.

Al tiempito no hay más dudas, debido a que ya no sientes el desagradable olor, no hay motivos para dejar el lugar. Cada día que pasa se vuelve más imposible desarraigarte de este sitio, sientes que perteneces allí.

...Basura, basura, basura... Podrás vivir siempre entre ella debido a que tu olfato se acostumbra. Ya no sentirás el olor putrefacto, pero el que tú no seas consciente no te librará de la contaminación desatada debido a lo que emite esa basura, es decir que tarde o temprano ésta afectará a tu organismo de una manera negativa.

Poco a poco las secuelas comienzan a reflejarse en tu salud. La única esperanza al respecto es que alguien se acerque y te haga ver la realidad. Tu conciencia clama a gritos que ese lugar no te conviene, hay mucho más, ese no es el final preparado para ti.

En esta circunstancia, una persona con amor y consiente de la gravedad del problema, que se acerque para avivarte de lo que no te das cuenta que te destruye, probablemente la consideres loca, tú no hueles lo que ella percibe claramente; por eso mismo, préstale atención.

Si la persona se acerca a ti con respeto y suma humildad, no se presenta como alguien superior a ti, no te ve como alguien inferior por estar donde estás, escúchala. Esa persona sabe que en un pasado estuvo en una situación similar y se entristece al ver personas en problemas, por lo que estará deseosa de mostrarte la salida. Quizás creas que estoy refiriéndome a ti y a mí, quizás sea así.

...Hoy lo bueno se ve malo y lo malo se ve muy bueno... Pero la basura es basura. El cambio viene por una decisión, la decisión de salir de ese lugar, escapar por tu vida... La basura representa algo que uno cree: sano, común, o por lo menos no tan malo en la vida... pero que al analizarlo a la luz de la verdad se reconoce destructivo e incorrecto.

Quizás la basura sea un pensamiento, una actitud, una costumbre, un trato con alguien, quizás sea la personalidad adquirida, quizás sean amistades, quizás sea el cigarrillo, la droga, el alcohol, etc. No sé qué será lo que en tu vida representa la basura, pero si ahora te encuentras reconociéndolo, sabes que ese camino no conduce a un buen sitio. Determínate a dejar atrás lo que no es necesario que cargues contigo. Dios es el mayor especialista en personas con cargas innecesarias, pídele ayuda sin dudarlo, no te arrepentirás, Él cambiará tu vida.

"La verdad"

Por más que uno quiera vivir justificando sus actos y acciones, la verdad trae libertad y si te resistes perturba. La verdad molesta desde el momento que se ve, en tu interior se reconoce bien, ahí se ve bien lo bueno y por ende lo que se debe hacer, pero quizás por costumbre o rebeldía se hace lo malo y por ello se obtiene las consecuencias de esos actos.

Ciertamente el saber no es aplicar, el entender no es hacer, por más enciclopedias que se tengan dentro, si no se actúa acorde a lo aprendido de nada vale. Pero además se debe saber, que tampoco necesariamente el esfuerzo trae consigo resultados óptimos, aunque el simple hecho de intentarlo, el hecho de perseguir lo mejor ya nos hace ganadores, coronándonos con una satisfacción única llena de paz que sólo reciben, los que saben que hicieron su mejor esfuerzo.

Todo es un complemento. Así como cada pieza en el rompecabezas tiene un lugar y una validez única, así todo cobra sentido cuando sabemos que nuestras acciones tienen consecuencias, porque la vida en sí misma no es una casualidad, todo tiene como mensaje subliminal impreso: causalidad. Mientras antes lo entendamos antes, le prestaremos especial atención a cada detalle, logrando vivir así mejor, ser mejores personas y, por ende, mejores ejemplos a seguir recibiendo el aplauso desde el cielo, demostrado en favor a nuestras vidas y paz que sobrepase, todo entendimiento para afrontar lo que se deba, según el propósito que tenga nuestra existencia aquí.

"A mis 33"

Luego de tanto descubrí mucho, algunas cosas tanto graciosas y otras profundas como la vida misma, compartiré ambas y cada quien agrupará según guste...

Hoy sé que no tengo ojos marrones, sino del tiempo, o más verdes que otra cosa; que nací en primavera, la época que tanto gusta y no en verano como siempre pensé.

Entendí que el vivir apresurado es una idiotez porque igual todo pasará y lo que deba llegar llegará, pero el vivir dándolo todo si conviene, porque los días pasan y la vida se puede esfumar en un instante.

Hoy sé que no basta decir te quiero una vez al año, o solo en las festividades; hay que demostrarlo a diario y en cada oportunidad que se tenga porque muchos se alejan por falta de apreciación y aunque no lo hagan, la vida aquí es pasajera, esa persona morirá, tú lo harás y por eso mejor amar bien, como si fuera la única oportunidad que se tiene.

Supe que las tristezas llegan incluso al más fuerte porque es ley de la vida y nada se puede hacer para evitarlas, pero si para no caer al fondo por ellas; se puede aprender allí, aprovechar ese tiempo para aplacar el espíritu y conectarse con Dios. Muchas veces esos golpes llegan para que volvamos a la quietud de aquella habitación silenciosa y oscura, y postrándonos rostro al suelo o cerrando los ojos con manos al cielo, nos pongamos a cuentas con Dios.

Aprendí que perdonar es una elección, pero una de las mejores que se pueden tomar en vida. Y al contrario de lo que se piensa, es de sabios y fuertes, no de cobardes ni engreídos. El perdón nos acerca a la libertad.

A mis 33 supe que lo años no son experiencia ni el tiempo sabiduría.

Vi que las arrugas y canas no están solo en la gente grande, como las chiquilinadas y pavadas no están solo en los pequeños.

Que ninguna situación es inmensa cuando conoces y crees en Dios, allí, desde ese preciso instante todo es pequeño e insignificante en comparación, y en ello radica esa paz que sobrepasa todo entendimiento, esa calma a pesar de la tormenta, ese bienestar y esa tranquilidad de que todo está en control.

La risa y gracia son necesarias, pero nunca deben ser sinónimo de burla sino de simpleza, alegría, felicidad, porque si la burla está en medio no vale, es irrespeto y crueldad.

Si tienes permitido llorar a panzadas, pero también, reír a panzadas. Y conocí las benditas lágrimas que Dios seca, porque el llorar a panzadas pueda ser liberador cuando se llora por lo bueno, por alegría, por agradecimiento.

Y que siempre se pueden abrir más los ojos, para aprender algo más, apreciar lo que siempre estuvo delante, maravillarnos de las pequeñas cosas, encontrar el camino correcto.

Esto y mucho más a mis 33 años aprendí y hoy quise contigo compartir anhelando lo mejor para ti.

"Entiende sin enojarte"

Muchas veces pasa que es más fácil la comodidad en la ignorancia. Creyéndose víctima del sistema o de la situación que se vive, se evita lo que conlleva el pararse firme. Pero hay que verse capaz de realizar el esfuerzo que amerita enfrentar lo malo, afrontar la incomodidad que resulta por el hecho de abandonar la zona de confort y así hacerse cargo de la vida que se nos ha dado. Sin rabear, poniendo buena cara, todo pasará, de todo puedes aprender, en algún momento el sol saldrá, por mientras, entiende sin enojarte, no te conviene vivir rogando la meta alcanzar, porque se te escapará la vida en un suspiro sin disfrutar, por lo que, no lo pienses, sin afanarte aprovecha, elimina lo malo y oscuro que en nada te ayudará y disfruta. Disfruta hoy las pequeñeces que son las que marcan la diferencia, disfruta tu respirar, disfruta el camino por el cual transitas.

"Depende de ti -2"

Hoy enfócate, visualiza adonde quieres ir, si no la tienes busca y mantén una meta. Ese será tu rumbo.

Planifica, fórmate, capacítate. Eres capaz.

Toma este consejo, no le cuentes tu gran sueño a muchos, cuéntaselo a Dios y pídele que Él guíe tus pasos. Habrá días malos quizás demasiados, pero tu sueño es posible si Dios así lo quiere. En el peor de los casos, podrás estar feliz y realizado por haberlo intentado hasta el final, pero solo en el peor de los casos. Sigue creyendo.

Razonemos juntos: ¿Es bueno lo que quieres? Ok, si es así entonces ¿qué quieres? ¿Abrir un negocio, tener tu casa, ser un profesional, viajar, casarte, hijos?

Piensa vamos ¿qué quieres? ¿Qué te lo impide? ¿Qué perderás por intentarlo? Siempre que tu anhelo sea digno de honra, de ejemplo, tienes más que permitido, diría que es obligación luchar por ello.

Vive, no te dejes llevar por el mal que te puede rodear...

Con un buen corazón, sano y alineado, con disposición, motivación correcta y perseverancia, todo saldrá bien.

"Ella"

Hace tiempo conocí una chica que no podía hablar de amor verdadero, prosperidad, justicia verdadera; tampoco creía en la gente saludable sino en gente enferma de diferentes maneras.

Oscuros lemas de vida que había adoptado a lo largo de la misma, como: nadie es ciertamente sano, la felicidad no existe, cree lo que quieras desecha el resto, resiste y sobrevive que de eso se trata, sal de todo lo más limpia posible… Amistades comunes para amortiguar lo malo e incierto: azar, fortuna, supersticiones, adivinanzas…

Dudas, preguntas sin respuestas: alguien que le dijera algo más de lo que se veía, alguien que le explicara por qué tan pocos tienen tanto y tantos tienen tan poco.

Su vida como un laberinto, demasiados callejones sin salida: miedos, odio, rechazo, tristeza, soledad, resentimiento a una sociedad que ignora la necesidad de muchos, ignorancia, individualismo, desesperación de no encontrar excepciones a las reglas vulgares, pena.

Esa chica, veía la parte del vaso vacía que era molesta, frustrante, y las posibilidades que veía con las que llenar el vaso lamentablemente se encontraban influenciados por las historias de vida ordinarias.

Caminando en la cuerda floja como muchos, en silencio, pidiendo a gritos en la oscuridad de su llanto ayuda; algunos pasando como ella largo tiempo en esa cuerda, otros menos, otros no resisten... Locuras y suicidios, algunos eligen una droga para poder vivir otros eligen la muerte, dos caminos opuestos que llevan a lo mismo, muerte, castigo eterno, soledad incesante.

Quizás esa gente, como la chica, también tuvieron una bella familia que los amaba y querían darle lo mejor... quizás no.

Corazones turbados, nada ni nadie puede cavar en lo profundo de ellos y arrancar esos dolores, solo sedarlos hasta habituarse, a seguir así.

Debía haber algo bueno, pero no lo hallaba, se encontraba perdida. Nada ni nadie por más que quisieran podían ayudarla, solo sedarla, hasta que se habituara al dolor o se sometiera a vivir ordinariamente la vida.

Lejos de lo que creía y sentía ser: mentía y dañaba a otros, evitaba la verdad prefiriendo curas alternativas, que la alejaban y hundían más, creía tener un enfoque, pero ciertamente no distinguía el Norte.

Un día de aquellos que ya está destinado para cada uno de nosotros, esa chica se encontró con quien creía haber conocido desde pequeña, solo que esta vez no fue como un cuento sino de forma real, y agarró Su mano.

La mano de Dios la sacó del abismo, eliminó las mentiras incrustadas en su mente que por años la ataron, conoció los por qué, despejó toda duda, reconoció el camino correcto y allí encontró su propósito, conoció la verdad y con esta el gozo y la paz…

Había estado tan cerca de la muerte que supo agradecer el rescate justo a tiempo, supo que esa oportunidad tan grande y única no podía ser desperdiciada, entendió que el Creador de todo había puesto los ojos en ella que por tanto tiempo le había dado la espalda, ya había tomado la decisión había abierto sus ojos y estaba determinada a nunca más volver atrás…

¿Escuchas?

"Él"

Miles de veces se contó lo que estoy a punto de compartirte, miles de veces nos lo vendieron como un simple cuento infantil que en verdad es la tremenda historia verídica de sacrificio y esfuerzo por amor, en la cual quedó claramente expresado lo decisión más importante que Dios hizo por nosotros. Te invito a que puedas visualizar la historia más importante de todos los tiempos, la que marca el punto clave...

El hombre por sí solo estaba destinado a lo peor, su avaricia y egoísmo lo habían dominado revelándose contra Su Creador.

Influenciados por el rey de las mentiras, el ser humano en su libre albedrío optaba por el delirante disfrute del momento pecaminoso y errante, rechazando los deleites que Dios le tenía preparados (los cuales no satisfacen solo un instante, sino que brindan un gozo eterno). Dios le había dado al hombre la inteligencia para que supiera elegir entre lo correcto e incorrecto, entre seguirle a Él (el único que controla todo y del que es todo) o a quien había desterrado a lo más bajo hacía ya tanto tiempo. La seducción del ángel caído había encantado al hombre envolviéndolo nuevamente en engaños.

Dios sabía de antemano que pasaría, los sacrificios brindados por los humanos que lo amaban no cubrían los pecados radicalmente, y el pecado apartaba al Dios Santo y Perfecto. De acercarse al hombre sucio, manchado por el pecado, la Majestad y Santidad de Dios acabaría consumiendo al hombre. Una humanidad que por segunda vez le daba la espalda al Creador. Seres creados casi perfectos, limitados, que engañados cambiaron su condición. Desobedientes, pero Dios acercaría a su pueblo escogido, les mostraría la salida a todos los ensuciados por la bajeza del pecado; ellos se arrepentirían. Dios sabía que sucedería, y solo Él podía salvarlos, el sacrifico perfecto se realizaría solo una vez y para siempre.

El momento había llegado, los propósitos estaban establecidos, solo habría un camino definitivo hacia Él, sin el cual nadie se salvaría del eterno infierno destinado para los ángeles caídos y sus seguidores.

Nacido en esta Tierra para morir ocupando un lugar no merecido que solo Él podía ocupar, la resurrección que marcaría y abriría el camino del ser humano a Dios, el restaurador de nuestra comunión con Dios, el motivo de nuestra inmerecida salvación.

Habían pasado ya los años, la profecía del Mesías que habría de venir se habían cumplido con su vida, bastaba solo lo más importante, la consumación.

La sangre corría por su rostro, ensangrentado; las risas de la

gente pisoteando al Hijo de Dios; rechazado por quienes lo conocieron, un dolor indescriptible que entumecía todo su ser, escupido e insultado por quienes amaba, burlado y rebajado por seres humanos llenos de ignorancia que desconocían ante la presencia de quien estaban, maltratando su cuerpo debilitado por los golpes; un pálido rostro transpirado y sucio expresaba el cansancio de esa alargada agonía; determinado de antemano a soportar todo por salvar a la humanidad del merecido final que le esperaba; sediento, totalmente solo.

Nunca ningún relato podrá acercarse a la realidad de lo que sucedió aquellos días, lo que si podemos saber es que todo el sufrimiento de Jesús fue por nosotros, por amor a nosotros.

Crucificado por la humanidad cargando el pecado por todos.

En la cruz Jesucristo tomó las llaves de la prisión que contenían a la humanidad por rechazar a Dios. Jesús murió y resucitó venciendo el mal. La tumba sigue vacía diciéndole a la historia trata de negarme, a la filosofía trata de explicar, a la ciencia trata de duplicar ese evento. Él abrió las puertas de la cárcel, la verdad es esta, el camino a la libertad, la salvación que Cristo nos dio aquel día. Él cargó con el mal y nos libró, pero muchos de nosotros seguimos dentro de esa prisión por comodidad o quizás por miedo al cambio.

Piensa que puede ser solo una oportunidad que tienes, aun cuando consideres que todavía tienes suficiente tiempo como para pensar en una decisión tan determinante, yo no arriesgaría mi eternidad en manos de la ignorancia, hoy estás a tiempo de tomar la decisión, mañana tal vez sea demasiado tarde. Si decides aplicar los principios a tu diario vivir y rechazar a Jesús te puede ir bien ahora, pero la pregunta es ¿de qué te servirán treinta o cuarenta años de prosperidad material si vivirás afanado y perdido condenando tu alma eternamente? El único mediador entre Dios y los hombres es Jesucristo, el nombre que no este escrito en el Libro de la Vida será desechado; tu nombre se escribe si reconociendo tu condición, arrepentido de vivir en pecado alejado de Dios, necesitando de Él en este instante, crees y declaras a Jesucristo como Señor y Salvador de tu vida. El Espíritu Santo, Dios, está contigo en este momento llenando el lugar en que te encuentras, dándote certeza, siente su presencia... Dios trasforma llanto en alegría, tristeza y pesar en paz y benevolencia, egoísmo e ignorancia en amor y sabiduría, Él te salva del peor castigo y te da el regalo de la Vida Eterna.

Todo está comprobado, todo está dicho, el misterio esta revelado, el camino está marcado... ¿Qué harás?

¿Seguirás igual?

"Antes y ahora"

Antes me sumergí en tristezas, y más allá de Arjona, no creí en lo auténtico. Antes repudié al hombre y su inútil bajeza, mientras tanto yo comía con los cerdos.

Escupí al techo, me bañé en mi propia saliva, e intentando barrer lo ajeno, olvidé mi suciedad. Odié al sonoro y al mixto, crecí queriendo el ratón y al saber del oro, el pinto, y todo lo grande lejano me vi incapaz de lograrlo y quise renunciar a todo.

Me enamoré del vago y del tonto, me descarrié unas cuantas veces más, y al verme sola, levanté los ojos y te vi.

Antes fui todo menos alguien bueno como muchos, aunque no lo admitan yo sí, lastimosamente me mentí, pero al fin un día, el amor verdadero conocí.

Abriste mis ojos, me hiciste saber, despertaste el actual sentir. Supe que, entre otras cosas, nada relativo en verdad es, si estás en la cuerda floja no puedes esperar no caer, si te confías demasiado y sustentas en la nada desplomarás, volver a empezar no está mal, arrepentirse y centrarse trae paz.

Pude responder ¿qué es lo que debo y obligada estoy a hacer? La vida no debe ser un cúmulo de afanes y lo sensorial es hermoso, valorado debe ser.

La cordura soñadora raramente es mirada bien, pero si Dios sigue siendo tu inspiración, si viene de Él, no hay barrera que no puedas romper. Las vacas flacas trajeron luz, el burro que habló también

Y hoy soy feliz no me retengo, dicha tengo amo y me aman personas, y agradezco tengo madre, abuela, padre, hermanos, esposo e hija también. Sé que todo está escrito, pero hasta el último instante viviré, descubriendo qué más hay, preparado para todos, los que creemos que así es.

"Siete consejos más"

> Recuerda amar, vivir, como si de eso dependiera la existencia de otros,

> Recuerda que el miedo y la precaución no son lo mismo porque el primero no deja vivir el segundo alarga la vida,

> No engañes ni te engañes, el no poder entender muchas veces se traduce en un no quieres hacerlo.

> Mil veces soñé con un mundo mejor hasta que me di cuenta que el enfoque era incorrecto, el mundo es mejor o peor cada segundo según como decidamos ser.

> A diario hay muerte y vida es parte del ciclo, pero nuestro ser debe dar y mostrar vida, luz, lo demás no nos corresponde.

➤ Luego de tanto envidiar vidas, cuerpos y éxito ajeno, me miré al espejo y vi un diamante, ahora mírate tú al espejo, y ámate.

➤ Luego de sufrir por lo visto o lo faltante entendí que siempre puede faltar mucho y sobrar mucho, pero ¡qué va!, lo importante es eterno, no pasajero.

ACERCA DEL AUTOR

Daniela Marisol Buscemi es profesora, escritora, comerciante, inversionista, además es auxiliar en terapia, tiene estudios en psicología y varias capacitaciones realizadas.

Casada con Emanuel, tienen una hija llamada Brianna, y actualmente residen en San Rafael, Mendoza, Argentina.

Autora de cinco libros publicados y otros inéditos.

Su primer libro "La Guía", de autoayuda, lleva a la persona a analizar dichos populares y finalmente le dice las cosas como son. Dos de sus libros forman parte de una serie titulada "Federico Miller", la historia de un hombre perdido que persigue un objetivo específico y en el camino deberá hacer elecciones que lo hundirán y desafiarán, cuestionando todo. Un libro de reflexiones y una antología de poemas y relatos titulada "Sendero del Amor", parte de la colección Sendero, exclusiva de Editorial Family Awake, en la cual es compiladora, coordinadora general y junto a más de cincuenta escritores también aportó escritos.

Daniela sigue instruyéndose, ha participado y sido distinguida en diferentes antologías, competencias y eventos literarios y además forma parte de entidades destacadas a nivel internacionales. Es miembro embajadora de la Cámara

Internacional de Escritores y Artistas, vicedirectora de la Academia Norteamericana de Literatura Moderna Internacional delegación Mendoza Capítulo Argentina, miembro de international Comunity Family Awake y otros.